SUR LE DISCOURS

DE

M. DE CHATEAUBRIAND,

PRONONCÉ DANS LA SÉANCE DU 24 FÉVRIER 1823,

RELATIF AU CRÉDIT DE CENT MILLIONS.

PAR UN ANCIEN PREMIER COMMIS AU MINISTÈRE DES AFFAIRES ETRANGÈRES.

A PARIS,

Chez PONTHIEU, au Palais-Royal, Galerie de Bois,
Et PELICIER, Place du Palais-Royal.

SUR LE DISCOURS

DE

M. DE CHATEAUBRIAND,

PRONONCÉ DANS LA SÉANCE DU 25 FÉVRIER 1823,

ET RELATIF AU CRÉDIT DE CENT MILLIONS ;

PAR UN ANCIEN PREMIER COMMIS AU MINISTÈRE DES AFFAIRES ÉTRANGÈRES.

En prenant pour la première fois la parole, le 25 de février, devant la Chambre des Députés, M. le ministre des affaires étrangères a rassemblé, pour les combattre l'une après l'autre, les diverses objections faites contre la demande de subsides présentée par le gouvernement; il a classé ces objections ainsi qu'il suit :

Le droit d'intervention.

Le droit de parler des institutions qui peuvent être utiles à l'Espagne.

Le droit des alliances et les transactions de Vérone.

Enfin, quelques autres objections.

Il a examiné d'abord la question de l'intervention, sous le double rapport du droit naturel et du droit civil, des devoirs et des intérêts; et, se rangeant au parti des politiques modernes, il a adopté le principe du droit civil et reconnu: « *Que nul gouvernement n'a le droit d'intervenir dans les* » *affaires intérieures d'un autre gouvernement.* »

Mais comme un principe aussi nettement énoncé ne pourrait s'accorder avec notre intervention dans les affaires d'Espagne, le ministre s'est hâté de placer l'exception à côté de la règle ; car, a-t-il dit, *nul État ne peut laisser périr ses intérêts essentiels, sous peine de périr lui-même comme État.*

D'où il suit qu'il fallait prouver :

1°. Que le cas d'exception était arrivé,

2°. Que les troubles de l'Espagne compromettaient les intérêts essentiels de la France,

3°. Qu'en conséquence ils mettaient la France en danger de périr elle-même.

Avant de déduire ses preuves, le ministre s'est appuyé de l'autorité des exemples, et les cherchant dans l'histoire de l'Angleterre, il a cité la fameuse déclaration de White-Hall, faite contre la France en 1793.

« Que l'Angleterre, a dit M. de Châteaubriand, en sû-
» reté au milieu des flots, défendue par de vieilles institu-
» tions, pense n'avoir rien à craindre de l'Espagne, et ne
» veuille pas intervenir dans ses affaires, rien sans doute n'est
» plus naturel! Mais voyez comme, dans des circonstances
» différentes, elle a eu soin de déroger au principe qu'on in-
» voque en son nom aujourd'hui ? »

Quelle est donc cette différence de circonstances dont le ministre entend parler ?

En 1793, comme en 1823, l'Angleterre n'était-elle point en sûreté au milieu des flots, et défendue par de vieilles institutions ?

Tout-à-l'heure M. de Châteaubriand établira lui-même l'analogie entre la révolution d'Espagne en 1823, et celle de la France en 1793.

Pourquoi donc l'Angleterre intervenait-elle alors, ou pourquoi n'intervient-elle point aujourd'hui ?

Serait-ce parce que les principes fléchissent toujours, dans la politique anglaise, devant les intérêts? ou ne serait-ce point plutôt parce que le ministère britannique voit la révolution d'Espagne d'un autre œil que ne la voit le ministère français ?

Déjà se présente ici une difficulté immense, relativement *au cas d'exception* dont M. de Châteaubriand fait la base de tout son système.

La France reconnaît que le cas d'exception est arrivé.
L'Angleterre le nie.

Quel sera le juge entre ces deux opinions ?

Admettra-t-on, dans le droit public de l'Europe, qu'en certains cas, trois puissances décideront du sort d'une quatrième, comme lors du partage de la Pologne ?

Que, dans d'autres, toutes peuvent se liguer pour imposer des lois à une seule, comme lors des coalitions contre la France ?

Qu'enfin il est des occasions où une seule puissance pourra déterminer les institutions qui conviennent le mieux à la puissance voisine, comme, par exemple, l'Autriche à l'égard de Naples et du Piémont, et aujourd'hui la France à l'égard de l'Espagne ?

Dès qu'on sort d'une règle généralement reconnue, pour entrer dans des exceptions contestées, il est évident qu'il faut des arbitres entre les opinions diverses, ou, si chacun demeure juge dans sa propre cause, il ne faut invoquer ni règles, ni exceptions ; il faut s'en tenir franchement, et selon l'usage, au droit du plus fort. Nous verrons tout-à-l'heure que cette question méritait bien d'être traitée par M. le ministre des affaires étrangères.

Mais l'Angleterre, a-t-il dit, *n'a point une politique étroite et personnelle, elle reconnaît aux autres les droits qu'elle réclame pour elle-même. S. G. le duc de Wellington a déclaré que la France avait le droit de pren-*

dre des précautions contre les dangers sanitaires et contre la contagion morale dont *l'Espagne la menace.*

En un mot, *l'Angleterre ne veut point intervenir dans les affaires intérieures de la Péninsule. Mais elle ne s'oppose pas plus à l'intervention de la France, à l'égard de l'Espagne, qu'elle ne s'est opposée à celle de l'Autriche à l'égard du royaume de Naples.*

En lisant avec attention les notes des ministres anglais, on y voit « que personne ne saurait désapprouver *la pré-* » *caution* prise par S. M. T. C. *de former un corps* » *d'observation pour la protection de ses frontières, et* » *la tranquillité de ses peuples.*

» Que le duc de Wellington *n'a point établi d'objec-* » *tion* contre les mesures de *précaution* prises par la » France *sur ses propres frontières.*

Il est de la dernière évidence qu'il n'est ici question que de mesures de prudence, prises en-deçà de nos frontières, et qu'il ne s'agit nullement de moyens d'agression étendus au-delà des Pyrénées.

On est donc autorisé à demander à M. de Châteaubriand de quelle intervention il a voulu parler, lorsqu'il a affirmé que l'Angleterre ne s'opposerait pas plus aux efforts de la France contre l'Espagne, qu'elle ne s'était opposée à ceux de l'Autriche contre le royaume de Naples?

En effet, il y a deux espèces d'intervention : l'une s'exerce par la voie des négociations ; l'autre a lieu par la voie des armes ; et s'il est démontré pour les plus incrédules que les expressions des notes anglaises ne s'appliquent qu'à un système intérieur de défense et de précaution, on aura toute raison d'en conclure que, M. le ministre des affaires étrangères a eu tort de les citer à

l'appui de son opinion en faveur de l'intervention extérieure et par la voie des armes.

Quant *à la contagion morale*, si M. de Châteaubriand
nous a présenté un tableau fidèle de la situation intérieure
de l'Espagne ; aujourd'hui, comme en 1793, ce fléau est à
redouter pour l'Europe entière ; il est à craindre pour tout
le monde social, pour l'Angleterre, comme pour la France.
Cependant quelle attitude prend le cabinet de Saint-James ?
Quelle application fait-il contre l'Europe des principes in-
voqués contre la France, dans la fameuse déclaration de
White-Hall ? Quel meilleur juge de l'à-propos que l'auteur
même de la déclaration ? Et pourtant lorsque la France en
appuie son système, l'Angleterre se tait ou s'y oppose. L'Angleterre *n'a point une politique étroite et personnelle*, les
faits ne sont donc pas aussi graves, le péril n'est pas aussi
imminent qu'on voudrait nous le faire croire, ou, du moins,
M. Canning en juge-t-il autrement que M. de Châteaubriand ?

Combien cette dissidence sur les faits, ou sur la nature
du danger, ne fait-elle pas ressortir les inconvéniens du système d'exception qu'on voudrait faire prévaloir ! Il n'a plus
en politique que le poids, plus ou moins imposant, d'une
opinion personnelle, et se réduit à une vaine théorie dont
l'application, jugée en sens divers, pourrait amener entre les
dissidens des debats funestes, et où les affaires de l'Espagne
ne seraient plus qu'un incident.

Nous en jugerons mieux peut-être, en examinant la
question sous les rapports de la politique extérieure, et en
nous attachant aux développemens que M. le ministre des
affaires étrangères lui donne.

Selon lui, et en cela il se déclare d'accord avec M. le
président du conseil ; selon lui, dis-je, *nos intérêts exté-*

rieurs sont essentiellement compromis, si la constitution de Cadix reste telle qu'elle est, parce qu'elle mènerait infailliblement l'Espagne à la république, et qu'il en résulterait des alliances et des relations qui, dans les guerres futures, affaibliraient nos forces.

Ici M. de Châteaubriand en appelle à l'expérience. *Par où, se demande-t-il, sont passées les armées qui ont envahi notre territoire? Par la Suisse et par l'Espagne : les innovations de l'Espagne ne nous sont donc point indifférentes, car elles peuvent compromettre l'indépendance de notre postérité.*

Tout consiste donc à établir et à conserver sur l'Espagne, une influence qui mette pour toujours nos intérêts à l'abri des dangers qui résulteraient de son inimitié.

Louis XIV avait atteint ce but par un changement de dynastie. La lutte fut, à cette époque, terrible et sanglante. Les deux trônes chancelèrent, et furent à la veille de s'abimer tous deux.

Napoléon prétendit imiter Louis XIV. Des flatteurs, qui voudraient se transformer aujourd'hui en hommes d'État prévoyans, lui disaient que la France perdrait son influence sur l'Espagne, si la dynastie n'était changée, et que l'existence des Bourbons sur le trône était incompatible avec la sienne. Napoléon sacrifia en vain, à cette folle et criminelle entreprise, ses trésors et ses meilleurs soldats.

Ainsi deux changemens de dynastie, entrepris et exécutés par la France pour associer l'Espagne à ses intérêts, n'ont servi qu'à briser les liens qui unissaient les deux pays.

Pour en former de nouveaux, c'est la constitution qu'il s'agit de changer à présent, *parce que celle des cortès mènerait l'Espagne à la république, et compromettrait ainsi l'indépendance de notre postérité.*

Nous n'examinerons point comment il est possible de concilier cette prétention de M. de Châteaubriand avec le principe reconnu par lui, que « nul gouvernement n'a le droit d'intervenir dans les affaires intérieures d'un autre gouvernement ?»

En effet, il ne s'agit point ici des troubles contagieux de l'Espagne; de la captivité du roi, de la violation de notre territoire, du pillage de nos bâtimens de commerce, enfin, de tout ce qui peut autoriser des représailles et provoquer des hostilités.

Il s'agit bien positivement d'amener l'Espagne à un changement de constitution; et, s'il le faut même, de lui en imposer une, conforme à nos intérêts, et qui serve de rempart à l'indépendance de notre postérité.

Ce système avoué, proclamé à la tribune nationale par le ministre des affaires étrangères, n'explique-t-il pas suffisamment l'opposition de l'Angleterre, ou du moins ses politiques réticences dans tout ce qui touche le sort de l'Espagne?

La France prétend enchaîner la Péninsule à ses intérêts; l'Angleterre veut l'en détacher. Elle le veut aujourd'hui, comme elle le voulait sous Louis XIV, comme elle le voulait sous Napoléon. Cette volonté n'est point l'effet des circonstances ; elle est le résultat des vieilles rivalités, des jalousies invétérées du cabinet de Saint-James que l'imprudent aveu de M. de Châteaubriand ne fera que réveiller et fortifier encore.

Nous reconnaissons cependant avec M. le ministre des affaires étrangères qu'il serait sage de mettre par une alliance intime nos frontières d'occident à l'abri de toute inquiétude; pourvu que, de son côté, il reconnaisse avec nous que lorsqu'il s'agit, pour arriver à ce but, d'une invasion à main armée, la question se complique et peut amener de dangereux débats ; car il est des gouvernemens en Europe qui ne croiront pas Ferdinand VII, donnant à l'Espagne, au milieu d'une armée française , une constitution imposée par la France , plus libre qu'il ne l'est à Madrid, lorsqu'il adopte, au milieu des soldats insurgés, les lois démocratiques des Cortès.

D'ailleurs, toute alliance, pour être durable, ne doit-elle pas être fondée sur la réciprocité des intérêts ? Et qui ne voit pas que la situation relative de la France et de l'Espagne a beaucoup changé, depuis que l'une et l'autre n'ont plus de marine et n'auront bientôt plus de colonies ?

A mesure que la puissance maritime et coloniale de l'Angleterre s'élevait, il importait à la France et à l'Espagne d'être inséparablement unies pour conserver l'honneur de leur pavillon , assurer la protection de leur commerce et faciliter les relations entre les métropoles et leurs établissemens d'outre-mer.

Mais, pour le malheur du monde , l'Angleterre est arrivée à détruire tous les contre-poids , et il s'agit de savoir si l'Espagne réduite, pour ainsi dire, comme nous, à son existence européenne , doit rechercher notre alliance plutôt que celle de la Grande-Bretagne.

C'est ce qu'il importait au moins d'examiner sans prévention et abstraction faite de toutes les influences du moment, *pour ne pas exposer, par le contre-coup de nos fautes, l'indépendance de notre postérité*, peut-être même la sûreté des contemporains ; car, s'il est un moyen de décider la question contre nous, c'est la guerre.

En effet , quel en est le prétexte et le but avoué ?

Le prétexte , est la captivité du roi.

Le but avoué , le changement de constitution.

Pour rendre au monarque une apparence de liberté , il faut le replacer à la tête du parti qui semble défendre sa cause, et, par une suite nécessaire, il faut rendre à l'Espagne les institutions que ce parti réclame.

Mais la France a une royauté constitutionnelle et des formes représentatives. Il est notoirement reconnu que le parti espagnol, auquel nous accordons notre appui, rejette tout gouvernement de cette espèce ; ainsi il est à craindre que le premier résultat de la prépondérance que nous parviendrions à lui donner, ne soit *de voir se former des alliances et se créer des relations qui, dans les guerres futures, affaibliraient considérablement nos forces.*

Si ces réflexions ont échappé à la profonde sagacité de M. le ministre des affaires étrangères, c'est qu'il n'a envisagé la question qui l'occupait que sous un seul point de vue, et que, payant tribut à l'humaine faiblesse, il a sacrifié aux influences du jour toute sa prévoyance de l'avenir.

Cette faute est précisément celle qui fut commise à l'époque du 5 septembre 1815, par le noble duc qui tenait alors le porte-feuille que M. de Châteaubriand tient aujourd'hui. Le reproche fait à sa mémoire est peu généreux, mais il est fondé.

Le ministre qui, pour diriger les affaires de son propre pays, a besoin des conseils des étrangers, n'est point un homme d'état. Celui qui provoque leur influence est un traître. Nous admettons à cet égard les doctrines de M. de Châteaubriand, et nous sommes bien persuadés que ses successeurs n'auront jamais à dire de lui ce qu'il s'est cru en devoir de dire de ceux qui l'ont précédé.

Il imitera plutôt la rare conduite de celui d'entre eux qui a quitté le ministère pour rester conséquent avec lui-même, et que l'Europe a vu digne de sa noble race le jour où, par sa retraite, il a su maintenir son caractère à la hauteur de son nom. Ainsi, en faisant l'apologie de M. le duc de Montmorency , M. le vicomte de Châteaubriand aura sans doute préparé la sienne.

Quant à la grande question *de l'alliance et du congrès , de la servitude du monde , de la conspiration contre lés peuples, de l'occupation militaire de l'Espagne, nous sommes trop sincères amis des libertés publiques et de l'indépendance des nations, pour ne* point donner une sérieuse attention à certaines ouvertures faites aux cours de Munich, de Wirtemberg et de Bade, surtout depuis que le parti pris contre l'Espagne a pleinement justifié la plus grave *de ces calomnies qui avaient d'abord un peu ébranlé l'esprit de M. le ministre des affaires étrangères.*

Privés de l'avantage qu'il a eu d'entretenir *des princes pleins de modération et de justice* , et d'être personnellement rassurés *par des rois vraiment amis de leurs sujets* , nous attendons, *pour vaincre nos préjugés, pour effacer en nous le souvenir des plus funestes méprises* ; nous attendons, dis-je , de la part de M. de Châteaubriand , sur les relations diplomatiques dont nous venons de parler , des explications au moins aussi claires , aussi précises que celles qu'il a eu le bonheur de recevoir de la bouche de l'empereur Alexandre lui-même ; et, comme M. le ministre des affaires étrangères , nous nous en contenterons pour le moment , laissant du reste au temps le soin d'en assigner la plus exacte valeur.

« A Vérone , nous dit-il , on est toujours parti du
» principe de la paix ; à Vérone les puissances alliées n'ont
» jamais parlé de la guerre qu'elles pourraient faire à l'Es-
» pagne , mais on a cru que la France pourrait être forcée à
» cette guerre, et comme la France est une des cinq puis-
» sances qui composent l'alliance , on a prévu le cas où elle

» aurait besoin d'un appui qui prouvera le haut rang qu'elle
» occupe en Europe. »

Ainsi, en partant toujours du principe de la paix, on a réglé néanmoins les conditions de la guerre ; pour prouver le haut rang que la France occupe en Europe, on a supposé qu'il pourrait arriver des cas où elle serait hors d'état de soutenir seule la lutte contre l'Espagne, et, en vertu de l'alliance, on lui a offert tout l'appui nécessaire, mais *sans qu'il soit jamais question de donner pour cela passage sur le territoire français à des troupes étrangères.*

Nous apprenons avec joie cette condition de l'alliance ; mais comme il est probable que les secours prévus se composeraient de troupes auxiliaires, comme celles-ci ne peuvent rejoindre les nôtres sur le sol espagnol que par terre ou par mer ; comme elles ne pourraient faire le trajet par terre, qu'à travers notre territoire, comme enfin elles ne doivent jamais y passer ; il est évident que l'assistance requise nous viendrait par les voies maritimes.

Il se présente alors une difficulté que M. le ministre des affaires étrangères est bien loin d'avoir résolue.

Des cinq grandes puissances qui composent l'alliance, l'Angleterre en est une. Se présente-t-elle, *comme la France, invariablement attachée* à ses co-sociétaires ? des faits récens et graves autorisent à présumer le contraire. Quatre membres de l'alliance ont manifesté leur opinion sur les affaires de l'Espagne. La cour de Londres a gardé le silence ; que dis-je ? elle a manifesté une opinion opposée, car son ambassadeur est resté à Madrid lorsque ceux des alliés ont quitté cette capitale, à la suite d'une correspondance insultante à un degré dont la diplomatie n'offre point d'exemple. Ne faut-il point en conclure que l'Angleterre, *qui n'a point une politique étroite et personnelle,* prend un vif intérêt à la situation de la Péninsule, et qu'elle finira peut-être par en protéger ouvertement l'indépendance ?

A quel reproche le gouvernement français ne serait-il point exposé, s'il n'avait rien prévu, rien combiné dans le cas possible d'un obstacle presque invincible à tous les calculs de son alliance continentale ? Il se serait engagé seul dans une guerre périlleuse, sur la foi de secours devenus précaires par la situation de ses alliés, tardifs par les distances qui les séparent du champ de bataille ; plus funestes qu'utiles si, malgré toutes les déclarations contraires, ils doivent, à cause de l'opposition maritime de l'Angleterre, se diriger sur l'Espagne à travers notre territoire.

« Mais, s'écrie M. le ministre des affaires étrangères, » quelle nation fut jamais sans alliance au milieu des autres » nations ? En existe-t-il un seul exemple dans l'histoire ? ». Oui sans doute, un peuple immense était dans ce cas, ce qui ne l'a point empêché d'être conquis, subjugué par les Tartares.

« Une nation, ajoute-t-il, cesse-t-elle d'être libre, parce » qu'elle a des traités ? »

La France était-elle libre, lorsque, en vertu des traités, l'Angleterre entretenait des commissaires à Dunkerque ?

Etait-elle libre, lorsque, en vertu des traités, une armée d'occupation envahissait ses provinces ? Certes, si personne ne disait que nous étions esclaves, c'est qu'en effet, comme le reconnaît très-bien M. de Châteaubriand, *nous n'osions nous en plaindre.*

Serait-elle libre, s'il fallait, en vertu des traités, faire la guerre à l'Occident, pour l'éviter du côté du Nord ?

La Prusse était-elle libre, lorsqu'en vertu des traités, l'armée française occupait toutes ses places fortes ?

Peut-être, d'ici au mois de novembre, verrons-nous des

effets du congrès de Vérone bien différens de ceux qu'on nous fait espérer; mais, en attendant, Naples et le Piémont sont-ils libres, lorsque des soldats autrichiens y dictent des lois en vertu des traités?

Un grand peuple sans alliance peut donc perdre son indépendance; d'autres peuvent également la compromettre par des alliances! L'indépendance des nations réside toute en elles-mêmes, elle est dans la force qui leur est propre, dans le génie qui en dirige l'emploi, et dans la confiance qui répond aux inspirations du génie. Les nations peuvent être libres sans traités, esclaves en vertu des traités. C'est l'éternelle leçon de l'histoire, et M. de Châteaubriand ne peut l'avoir oubliée.

Il ne nous reste plus qu'à suivre M. le ministre des affaires étrangères dans ce qu'il appelle les objections de détail.

On blâme, dit-il, cette phrase du discours de la couronne :
« Que Ferdinand soit libre de donner à son peuple des ins-
» titutions qu'il ne peut tenir que de lui.

» C'est la même objection que l'on a élevée contre le mot
» *octroyé*, placé dans la Charte, et elle part du même prin-
» cipe. On ne veut pas que la source de la souveraineté dé-
» coule du souverain. »

C'est ce qu'on veut au contraire; il ne s'agit que de savoir quel est le véritable sens du mot *souverain*, et à qui on doit l'appliquer?

M. de Châteaubriand ne paraît-il pas en douter lui-même, lorsqu'il rappelle ces libertés nationales qui reposaient dans les lois des anciennes Cortès d'Aragon et de Castille, de ces Cortès qui disaient à leurs rois : *Nous, qui valons autant que vous et qui sommes plus que vous, nous vous obéirons à telles conditions : sinon, non?*

Ne paraît-il pas en douter encore, lorsqu'il déclare que

c'est aux *Espagnols* à savoir ce qui convient à l'état de leur civilisation ?

« La France ne prétend point, dit-il, imposer des insti-
» tutions à l'Espagne..... il nous était libre d'en parler ou
» de n'en point parler... Si nous n'en avions rien dit, on se
» fût écrié que nous voulions faire la guerre pour rétablir
» le roi absolu et l'inquisition.... Mais parce qu'il était juste,
» généreux et politique de parler d'institutions, fallait-il re-
» connaître la souveraineté du peuple et l'insurrection mili-
» taire ? »

En vérité, nous ne savons comment concilier ici la conduite de nos ministres avec leurs solennelles déclarations.

Ils ne prétendent point imposer à l'Espagne des institutions ; mais pourtant ils s'opposent à celles qui compromet-
traient, selon eux, nos intérêts essentiels, la sûreté de nos
frontières, l'indépendance de notre postérité, et ils veulent
seulement contraindre l'Espagne à entrer dans une situation
*qui l'empéche de former des alliances, et de se créer des rela-
tions qui pourraient, dans les guerres futures, affaiblir considérablement nos forces.*

Ils n'entreprennent point la guerre pour rétablir le roi
absolu et l'inquisition.... mais ils la font pour, et avec le
parti qui déclare hautement vouloir l'un et l'autre.

Ils repoussent la souveraineté du peuple ; mais ils ad-
mettent la liberté de ces anciennes Cortès *qui valaient autant
que les rois et qui étaient plus que les rois.*

Ils ont en horreur l'insurrection militaire, et ils vont à
main armée soutenir une guerre toute d'insurrection.

En vain leur crie-t-on que la France a reconnu pendant
cinq ans cette constitution des Cortès qu'elle veut détruire
aujourd'hui ; en vain leur objecte-t-on que Morillo, Mina,
Ballasteros et les autres généraux des Cortès ont marché dans

la croisade contre la France, sous les étendards de la légi-
timité. Ils répondent que de grandes puissances de l'Europe
eurent des ambassadeurs à Paris depuis 1789 jusqu'en 1793;
que la France peut souhaiter à l'Espagne, en 1823, ce que
l'Angleterre souhaitait à la France en 1793, qu'un petit-fils
de Saint-Louis arrive pour protéger tout ce qu'il y a de sacré
parmi les hommes, et que, proscrit lui-même, il veut faire
cesser les proscriptions.

Mais c'est à dater de la guerre d'invasion que la révolution
a pris en France un caractère atroce.

C'est à dater de la guerre d'invasion que les proscriptions
et les massacres judiciaires n'ont plus connu de bornes.

C'est à dater de la guerre d'invasion que les plus augustes
victimes ont ensanglanté la hache des bourreaux.

Et, en définitive, la guerre entreprise pour exterminer
les révolutionnaires a étendu la révolution sur l'Europe
entière.

On ne saurait contester ces vérités ; et si la guerre d'invasion contre la France a produit tant de maux, peut-on
traiter de révolutionnaires ceux qui , pour en empêcher le
retour, *vocifèrent la paix* et s'opposent à la guerre d'invasion contre l'Espagne ?

Leur but est du moins plus positif, plus national , et surtout plus franc que celui de ces hommes d'état, *qui ne ces-
sent*, disent-ils , *de désirer la paix , qui l'invoquent de tous
leurs vœux* , et qui , en dépit de leurs désirs et de leurs
vœux , consentent à une guerre dont ils n'ont pas plus cal-
culé les succès que les revers , puisqu'il est évident que la
pensée ne leur en appartient point, et qu'il ne leur a manqué
que le courage de renoncer à leurs emplois , pour s'assurer
aussi l'honneur de *vociférer* la paix.

Quant à nous , l'opinion unanime de la nation est aussi

celle que nous nous faisons gloire de professer : nous voulons que la France ait une armée ; nous désirons qu'elle remonte au rang militaire qui lui appartient parmi les nations ; nous appelons de tous nos vœux la réconciliation complète de tous les Français, mais nous sommes convaincus que tous ces avantages ne peuvent être que l'heureux fruit d'une longue paix, et que la guerre seule tend à retarder notre entière émancipation, et à compromettre de nouveau notre indépendance.

La Chambre des députés doit donc refuser les subsides qui auraient pour objet de favoriser tout autre système que celui *d'une légitime défense.*

IMPRIMERIE DE J. TASTU,
RUE DE VAUGIRARD, N° 36.

IMPRIMERIE ANTH^e. BOUCHER,
RUE DES BONS-ENFANS, N°. 34.